Vivre pour revivre
Le viager

Viagers Lapous
Hervé Lapous
354, rue Lecourbe 75015 Paris
Tél. : 01 45 54 28 66 - fax : 01 45 54 72 38
viagers-lapous@wanadoo.fr
www.viagers-lapous.com

Illustration :
Pièce de 20 Francs or, communément appelé « Napoléon »
Collection particulière

Hervé Lapous

Vivre pour revivre
Le viager

SPM
2019

ISBN : 978-2-37999-000-7

Éditions SPM 16, rue des Écoles 75005 Paris
Tél. : 06 86 95 37 06
courriel : Lettrage@free.fr - site : www.editions-spm.fr

DIFFUSION – DISTRIBUTION : L'Harmattan
5-7 rue de l'École-Polytechnique 75005 Paris
Tél. : 01 40 46 79 20 – télécopie : 01 43 25 82 03
– site : www.editions-harmattan.fr

Préambule

Sous les effets conjugués de la mondialisation et de la disparition de la notion d'un modèle de civilisation unique qui en est la conséquence, le cadre intellectuel et moral dans lequel s'était développée notre vision de la société a volé en éclats.

La conséquence induite par le raccourcissement des distances et de la durée, loin de préparer l'accomplissement d'une synthèse comme cela avait été le cas en méditerranée après la conquête romaine, aboutit tout à son contraire à l 'éclosion d'une multitude de modèles concurrents et rivaux, tous justifiés par des références identitaires historiques indiscutables.

Pour un pays comme la France, cela s'est traduit jour après jour par l'explosion de la cellule familiale et l'atomisation des référents culturels au sein d'une même famille. En conséquence d'un modèle politique qui privilégie la mobilité géographique des individus et la traque fiscale qui vise à empêcher que ne se constituent de micro foyers de résistance à la puissance d'état par la détention de patrimoines particuliers, la notion de résidence a évolué. L'idée de demeure familiale a pratiquement disparu du paysage mental des français d'aujourd'hui. La société des loisirs bon marché ayant entraîné le dépaysement touristique, les maisons de campagne, souvent demeures familiales historiques ont été mises sur le marché, les enfants ne s'y intéressant plus ou n'ayant plus les moyens de les conserver du fait de la traque fiscale dite. Les familles ainsi pulvérisées condamnent irrémédiablement la notion même d'héritage immobilier, à de très grosses exceptions près.

Si l'on ajoute que l'idée familiale s'est élargie jusqu'aux familles reconstituées par l'abondance des divorces, il est loisible alors de comprendre l'actualité et la pertinence de la vente en viager.

Le vendeur déchargé de l'impératif moral de la conservation et de la transmission des biens immobiliers, peut alors privilégier la nécessité et le confort d'augmenter ses revenus par l'aliénation de sa maison ou de son appartement.

Nous verrons dans un chapitre ultérieur quelles peuvent être les raisons d'un acquéreur en viager, nécessairement convergentes avec celles de son vendeur, car il s'agit rien de moins qu'un basculement de société auquel on assiste.

Les français du futur seront plus vraisemblablement des détenteurs et des possesseurs plus que des propriétaires.

De la même manière que le crédit et le leasing ont rendu obsolète la propriété des véhicules automobiles, la vente en viager peut être un raccourci permettant la transmission immobilière en sublimant l'opposition classique locataire-propriétaire.

Le vendeur en viager occupé n'est-il pas un ancien propriétaire assujetti certes aux obligations des locataires mais rémunéré pour cela ?

La satisfaction crémière d'un individu pouvant jouir à la fois du beurre et de l'argent du beurre ne peut que se nourrir de la réalisation d'un aussi vieux phantasme.

Introduction

Avant d'être une recherche, le viager est une réponse :

– Réponse aux interrogations portant sur l'organisation de la vie.

– Réponse au défi économique.

Le viager est une assurance en même temps qu'un projet.

En effet, il est inenvisageable de croire que notre système de retraite par répartition puisse perdurer.

Par ailleurs, il est impératif de comprendre que le viager est une collaboration active entre générations et non pas une spéculation sur la mort.

Les actifs ne pourront pas porter seuls indéfiniment le poids des inactifs, cela d'autant qu'il y aura une baisse de revenus et une augmentation du coût de la dépendance.

Il sera donc nécessaire que les inactifs trouvent d'autres ressources.

Pourquoi ne se procureraient-ils pas des liquidités à partir de leur actif immobilier ?

Cette approche nouvelle ferait lever le frein « moral » à la vente en viager.

À l'heure actuelle, l'allongement de la vie humaine bouleverse la pyramide des âges et provoque une crise économique : paradoxalement, les personne âgées sont les premières victimes.

L'opinion, relayée par les grands médias, présente couramment la génération des plus anciens comme une génération favorisée et oppose les retraités aux chômeurs. Cette théorie de l'absurde est intolérable : elle porte directement atteinte au sentiment de solidarité qui devrait animer l'ensemble du corps social.

Et lorsque l'hypocrisie de l'opinion répond à l'archaïsme des comportements, il devient tentant d'opposer les actifs aux inactifs, les personnes âgées aux classes jeunes, et pourquoi pas, les possédants aux démunis.

On nous dit que le système des retraites par répartition est condamné ; on sollicite la collecte des revenus pour d'hypothétiques plans de capitalisation ; mais c'est dissimuler le vrai problème : l'héritage et, si j'ose dire, l'héritage de l'héritage, car c'est bien de l'héritage et de la transmission patrimoniale qu'il est fait aujourd'hui le procès.

• Parce que l'homme n'a pas vocation de travailler pour du beurre.

• Parce que l'État ne dispose que de fausse générosité.

• Parce que l'on ne peut attendre de la collectivité une justice que l'on ne dispense pas soi-même.

Il faut mobiliser les fruits de l'épargne pour un comportement anti-inflationniste, juste et honnête.

• Parce que la solidarité postule un lien vivace entre générations.

• Parce que ce lien ne peut être que volontaire.

• Parce qu'à la famille, il convient de substituer le libre choix des partenaires.

Il faut mobiliser les revenus, tout ou partie de son patrimoine, au profit de qui l'on veut, sans attendre la charité publique ni le recours illusoire de l'État.

Cela, c'est agir et non plus attendre. C'est là la philosophie de la rente viagère : Épargnons et choisissons les partenaires avec lesquels nous voulons partager la solidarité.

Ce vade-mecum doit se lire comme une introduction à un nouveau projet de vie sociale, tel que l'évolution de la société en dessine la nécessité.

Écrit par un professionnel averti de la négociation immobilière, il n'a pas la prétention de remplacer les guides existants mais s'y ajoutant d'en faciliter l'usage.

Vade-mecum, comme son nom l'indique, est un compagnon de voyage qui permettra que se prépare en toute sécurité l'exercice de ces choix que sont les décisions d'acheter ou vendre en viager.

Les retraites en danger

Il n'échappera à personne que la situation économique d'un pays développé comme la France ne permet pas d'envisager avec sérénité le maintien du système actuel de retraite par répartition.

Les choix faits en d'autres temps dans l'enthousiasme de la cessation des hostilités après la guerre de 1945 qu'accompagnait l'ardeur mise à la reconstruction d'un monde nouveau, laisse la place aujourd'hui à l'amère constatation que les calculs étaient faux.

En effet, le système installé postule une arrivée massive de travailleurs contributeurs en nombre supérieur à celui des nouveaux retraités.

Et c'est le contraire qui se produit avec méthode.

Les progrès de la médecine, alliés à la généralisation des soins prodigués, ont eu pour conséquence un allongement continu de la durée de la vie humaine.

Les débiteurs des caisses de retraite se sont retrouvés dans l'impossibilité de tenir leurs prévisions, et l'État devant garantir le fonctionnement du système, ne peut le faire malheureusement qu'en actionnant la planche à billets.

Comme la lutte contre l'inflation a été instituée croisade européenne, la marge de manœuvre de l'État s'est réduite, comme peau de chagrin, sous l'effet de cette contradiction en ciseaux qui l'a conduite à rechercher l'issue du problème par l'augmentation substantielle de la charge de l'imposition.

Le retraité, souvent propriétaire de sa résidence principale, se retrouve donc dans la situation de recevoir une retraite amputée de charges diverses, peu revalorisée et surimposée.

De plus, la mobilisation par la vente en viager s'impose donc par elle-même comme conclusion inévitable.

Hélas, le chemin est long et semé d'embûches.

Physiologie du contrat

Les lignes qui précèdent nous ont menés à la lisière de la nécessité et de l'usage du pacte viager.

Nous avons deviné que le citoyen retraité, ou presque retraité, nouvellement appauvri ou en phase de l'être, va devoir faire face « avec les moyens du bord » à une nouvelle situation, pour lui inattendue.

Dans le meilleur des cas, il a travaillé toute sa vie, et peut-être travaille-t-il encore, et si la santé ne lui fait pas défaut, il s'imagine goûter avec délices, aux joies du temps retrouvé que va lui conférer sa nouvelle retraite.

Hélas ! Ses calculs les moins optimistes ne laissaient pas prévoir une pareille difficulté. Tout a augmenté, bien que la mesure de l'inflation telle qu'elle est officiellement faite ne lui a pas révélé l'ampleur d'une telle augmentation.

Si tout se passe bien, les enfants sont élevés et notre retraité ou futur retraité peut disposer d'un bien immobilier qu'il a soit épargné, soit hérité.

À la recherche d'un complément de revenus, ce bien immobilier constitue, à n'en pas douter, les moyens du bord dont nous avons parlé précédemment.

Là, une question fondamentale se pose. Quel sort réserver au bien en question ?

Si nous avons intitulé ce chapitre, *physiologie du contrat*, ce n'est pas uniquement en référence à la célèbre *physiologie du mariage* d'Honoré de Balzac, mais aussi afin de tenter l'analyse exhaustive des sentiments et du non dit qui se cachent derrière le mot viager.

La typologie du bien

Distinguons :

Si le bien destiné au sacrifice suprême qu'en est l'aliénation, a été acheté avec les revenus du travail, il est aisé de concevoir qu'on peut le traiter comme le produit d'une épargne volontaire et donc en opérer la liquidation, afin de garantir l'obtention d'une augmentation des ressources disponibles.

En revanche, un bien hérité est affecté d'une tout autre destinée, parce qu'en toute logique le propriétaire peut considérer, à bon droit, qu'il n'en est que le détenteur provisoire inséré dans une chaîne transgénérationnelle.

La charge morale pesant sur ce bien peut dépendre de l'existence d'enfants, ou d'ascendants ou de collatéraux.

Il est primordial, afin de permettre l'exercice du choix entraînant la prise de décision, de cerner et définir la moralité de l'action envisagée.

C'est cette analyse permettant d'affirmer la moralité de l'action entreprise qui permet d'unifier dans un traitement unique le sort réservé au bien sans qu'il soit discriminant de le savoir acheté ou hérité.

Le pacte viager est-il moral ?

Oui, si l'on considère qu'il répond à une nécessité, et il est évident qu'il est davantage moral de vivre bien que de vivre mal.

Oui, si l'on considère qu'il ne s'agit pas d'une spéculation sur la mort mais d'une collaboration active entre générations.

Pacte solidaire, le contrat de viager permet aux uns d'accéder à la propriété à peu de frais pour la société puisqu'il économise la création monétaire génératrice d'inflation que postule tout prêt souscrit en vue d'une acquisition.

Oui encore, puisqu'il permet aux personnes ayant quitté toute activité lucrative de s'assurer le complément de ressources que le maintien de leur qualité de vie requiert.

Philosophie participative

La propriété partagée

Pratiqué à l'aune du temps présent, le contrat de viager s'inscrit donc en parfaite harmonie avec l'éclosion de l'économie participative encouragée par internet.

Quand on sait que le contrat viager est un contrat millénaire, puisqu'il a été repéré déjà comme une contribution volontaire à l'entretien des ascendants dès l'époque carolingienne, on reste surpris par sa modernité.

L'étude de son étymologie nous aide cependant à en comprendre l'actualité, sinon la modernité foncière.

Le mot viager procède du mot *vita,* qui en latin veut dire *la vie.*

L'ancien français créa à partir du mot latin *vita,* le mot *viage* qui signifia le temps accordé à la vie, ou plus précisément encore, la durée de l'existence.

Ce chemin de l'existence, cette route, *via,* nous renseigne davantage encore, comme un jeu de mots lacanien.

Le viager, c'est donc le chemin de la vie, éternellement moderne, comme la vie elle-même.

Le viager s'inscrit dans le temps.

La maîtrise de la durée

Inscrit dans ce rapport, entre le temps qui passe et qui affecte la durée d'une mesure financière, le paiement du prix et la réalité de la possession de ce qui est vendu, gage de la validité du contrat, il était naturel que s'opérât une modification de la nature du lien juridique unissant la chose à l'homme.

Cette modification – évolution affecte en profondeur la notion juridique du droit de propriété, et transfère la légitimité de celui-ci du propriétaire au possesseur.

Ainsi est-il naturel que la notion d'héritage, chère à Honoré de Balzac, laisse la place au *Temps retrouvé* de Marcel Proust.

PREMIÈRE PARTIE

Le viager immobilier

CHAPITRE I

La recherche

LE VENDEUR RECHERCHE UN ACQUÉREUR : LE PROCESSUS

Nous estimons éclaircies les motivations de notre vendeur.

Au nombre de celles-ci se trouvaient comme il a été suggéré dans l'introduction la volonté de s'assurer un revenu complémentaire ou toutes autres raisons loisibles parmi lesquelles le désir de punir en le déshéritant un héritier coupable d'ingratitude ou encore celui d'avantager tout héritier collatéral voire tout ami.

L'essentiel reste à faire : trouver l'acquéreur.

Rien n'est moins simple que cette démarche.

1 - Parce qu'il faut proposer à la vente un produit attractif.

2 - Parce qu'il faut s'assurer de la solvabilité et de la moralité de l'acquéreur éventuel.

Nous envisagerons donc, dans un souci de clarification des notions pour permettre l'exercice sans risque de l'opération entreprise, les différentes phases et la méthode à emprunter tant du côté du vendeur que du côté de l'acquéreur.

Une première constatation s'impose. Ce travail ne peut être effectué tout seul par un individu non préparé aux aléas prévisibles de cette recherche.

La recherche pour le vendeur passe par le concours d'un professionnel qui va lui épargner le temps passé à la prospection.

En effet, il faut savoir trier parmi tous les candidats à l'acquisition immobilière viagère.

Le secours d'un professionnel aguerri et avisé s'impose quand sont nombreux les risques d'erreurs sur la personne, générateurs de procès longs, douloureux et onéreux.

Un homme ou une structure disposant d'un important réseau de prospects est indispensable à la recherche et à la sélection du candidat idéal.

La plus grande prudence doit être à ce niveau observée.

En effet, nombreux sont les dangers à éviter dès l'amorce du processus.

S'engager dans un processus par définition long et dont le terme est inconnu présente un danger immense et permanent.

Il s'agit d'être vigilant.

Reprenons les notions :

Le vendeur a choisi le bien qu'il compte vendre pour les motifs sus-évoqués précédemment qui n'ont pas de raison d'être plus précisément éclaircis à ce point de l'exposé.

Notons cependant ceci en préalable :

– Le bien vendu a nécessairement un prix.

Comment définir ce prix ?

Ce prix déterminé, il faudra le convertir en rente viagère puisque le viager par sa définition n'est pas autre chose que la conversion du prix en une rente versée durant la vie entière du vendeur, sauf stipulation contraire.

Comment calculer cette rente ?

Il reste à déterminer le barème applicable en vertu des calculs de probabilité concernant l'espérance de vie du vendeur. Plusieurs barèmes sont en concurrence. Nous y reviendrons.

Considérons l'étape achevée :

Le bien à vendre est choisi et déterminé.

L'acquéreur trouvé.

Le prix fixé.

La rente calculée.

Qu'est-ce qui garantit le vendeur que l'acquéreur pourra s'acquitter de sa rente pour une durée indéterminée dont le terme par conséquent ne peut être établi avec précision ?

L'acquéreur est-il solvable ?

Les paramètres à réunir sont nombreux et nécessitent le concours de plusieurs instruments de mesure. Il y faut de la conscience, de la compétence et une capacité d'anticipation et de prévision qui distinguent le professionnel avisé.

Reprenons le processus pour en disséquer les composants et en clarifier l'analyse.

La conclusion d'un mariage heureux, et nous savons que présenter un vendeur à un acheteur s'apparente à cette notion, c'est que chacun trouve dans l'opération la satisfaction de sa recherche par la réalisation du but qu'il poursuivait.

C'est ce que le droit positif appelle la recherche d'équilibre des prestations.

Vendeur et acquéreur doivent donc s'accorder sur la nature de la chose vendue et le montant du prix qui en est la contrepartie.

Il existe pour cela un certain nombre d'instruments, tel l'examen du marché existant. Le concours des notaires du lieu où se situe le lieu du bien proposé est à cet égard précieux puisque la Chambre Départementale des Notaires du ressort de la Cour d'Appel concernée, établit des statistiques résultant de l'analyse des ventes publiques qu'elle organise.

Si l'on compare ces chiffres avec la moyenne des prix pratiqués par les agences immobilières exerçant dans le même ressort, on peut sans se tromper établir la fourchette du prix moyen qu'au m^2 vaut le bien considéré.

Cette démarche ne peut être effectuée à la légère, mais au contraire, après un examen méthodique du bien proposé, puisque deux corrections majeures devront être apportées à ce calcul statistique :

– L'état de l'immeuble.

– La situation de l'immeuble dans l'espace considéré.

Le prix établi, demeure le problème de sa conversion en rente viagère.

Quel calcul choisir ?

En effet, il existe plusieurs barèmes en circulation, relativement dissemblables, que l'on prenne le taux moyen des grandes compagnies d'assurance, celui de la Caisse Nationale de Prévoyance et plusieurs autres édités par les actuaires de plusieurs compagnies privées ou publiques, telles Generali, Préfon et d'autres.

Le fondement qui a permis la détermination de ceux-ci est évidemment le calcul de l'espérance de vie du vendeur, et ce barème change d'une compagnie à l'autre.

Ces barèmes ne doivent pas être confondus avec le barème légal et fiscal de l'usufruit :

Article 669 du C.G.I.

Âge de l'usufruitier	*Valeur de l'usufruit*	*Valeur de la Nue-propriété*
Moins de 21 ans	*90 %*	*10 %*
Moins de 31 ans	*80 %*	*20 %*
Moins de 41 ans	*70 %*	*30 %*
Moins de 51 ans	*60 %*	*40 %*
Moins de 61 ans	*50 %*	*50 %*
Moins de 71 ans	*40 %*	*60 %*
Moins de 81 ans	*30 %*	*70 %*
Moins de 91 ans	*20 %*	*80 %*
Plus de 91 ans	*10 %*	*90 %*

Il faudra donc recourir bien évidemment au conseil prodigué par le professionnel dont nous avons souligné plus haut l'importance.

Le bien déterminé.

Le prix fixé.

Le taux de la rente choisi.

Il reste à s'assurer :

– de la quotité du prix converti en rente viagère.

– de la capacité de l'acquéreur à payer cette rente.

Déterminer la quotité du prix converti en rente et éventuellement le montant du capital à verser au vendeur, dénommé bouquet.

Comment s'assurer de sa capacité à s'acquitter d'une rente dont il ignore la durée ?

Il faut tout d'abord s'assurer d'une précaution que l'évolution de la jurisprudence impose.

Un commerçant, comme une société commerciale et même une société à objet civil peuvent connaître une procédure collective et être pourvue d'un administrateur judiciaire susceptible de suspendre les paiements ou de les renégocier avec le concours du tribunal compétent.

Il est donc conseillé, sauf exception spécifique, de ne rechercher d'acquéreur qu'au nombre de particuliers sans activité commerciale.

Un écart d'âge raisonnable devra être également recherché car l'acquéreur survivra vraisemblablement à son vendeur, afin de servir sa rente sa vie durant.

Nous conseillons un minimum de vingt ans d'écart.

Enfin, il sera privilégié la recherche d'acquéreurs à forts revenus plutôt qu'à forts patrimoines et il ne sera pas inutile de se renseigner sur le mode de retraite qu'ils ont souscrit afin de ne pas dépendre d'un changement de situation financière occasionné par la prise de leur retraite.

La charge de la rente se transmettant aux héritiers, il n'est pas inutile non plus de vérifier la solvabilité de ceux-ci.

Un professionnel averti saura mener avec délicatesse les investigations nécessaires.

Pour éviter un recours en annulation d'un compromis ou d'une cession intentée par une famille ou un tiers, une maison de retraite par exemple, parce que le vendeur a été déclaré incapable postérieurement à la signature des actes d'aliénation, il est jugé plus prudent de se le faire présenter avant pour se faire une idée soi même.

Il sera donc avisé d'écarter toute signature pratiquée par le biais de procuration.

La vente en viager est un contrat *intuitu personae.*

Cela signifie en français moderne que les personnes concernées doivent s'accorder personnellement sur l'opération envisagée. Et rien dans ce cas là ne remplace le contact physique.

En cas de doute sur les capacités mentales du vendeur, il serait bon de demander au médecin traitant un certificat médical.

Il se pose à cette occasion une question d'ordre presque philosophique.

Afin d'écarter le soupçon d'immoralité qui accompagnait jusqu'alors le principe de la vente en viager, les professionnels, tant du viager financier que du viager immobilier ont cherché à dépersonnaliser le contrat.

Panorama du marché du viager

Le marché immobilier de la vente en viager est actuellement d'actualité.

Les difficultés économiques présentes conduisent les personnes âgées propriétaires d'immeubles à les mettre sur le marché pour se procurer un complément de revenus dans une situation où leur retraite leur paraît menacée.

Cela a conduit à ce que s'inscrive dans le paysage du marché immobilier du viager une quantité notable de nouveaux intervenants.

À ce titre on a pu constater l'arrivée de sociétés se disant spécialisées de la négociation de la vente en viager faisant force publicité.

Ce mouvement que dessine une nouvelle opportunité de gains est à considérer avec prudence.

Les années 1990 avaient de même vu se créer sous l'égide de financiers équivoques les sociétés épargne-viager, viager investissement et autres, dont la faillite survenue dans les dix ans de leur création avait sanctionné la boulimie spéculative.

Le bon intermédiaire

Il conviendra donc, quand on recherche un viager, d'opérer avec la plus grande prudence en préférant, soit l'investigation individuelle par la lecture de petites annonces de journaux spécialisés, soit de confier la recherche à une société installée de longue date jouissant d'une parfait honorabilité.

Cela ne dispense pas en tout état de cause de se munir d'un certain nombre de précautions.

La recherche doit s'effectuer en gardant à l'esprit quelques principes.

1 - Tout d'abord, le bien vendu doit être exempt de tout vice caché ou apparent. L'aptitude mentale du vendeur doit être vérifiée.

2 - L'aléa doit exister. *(article 1974 : « Tout contrat de rente viagère, créé sur la tête d'une personne qui était morte au jour du contrat, ne produit aucun effet ». article 1975 : « Il en est de même du contrat par lequel la rente a été créée sur la tête d'une personne atteinte de la maladie dont elle est décédée dans les vingt jours de la date du contrat ».*

3 - Le vendeur doit bien être propriétaire du bien.

4 - Vérifier que le bien ne soit pas hypothéqué.

Le bon vendeur

En premier lieu, il sera préféré un immeuble appartenant à un particulier en pleine propriété.

Le contrat de viager est un contrat *ad hominem*.

Le vendeur doit être un individu dont la propriété est préalable à toute offre, c'est-à-dire que l'on évitera les biens provenant d'une liquidation successorale non encore clôturée ou clôturée de fraîche date, afin d'éviter tout risque de recours judiciaire des ex-successibles ou co-indivisaires.

De même, il est prudent d'éviter de s'engager en faveur d'un bien provenant de la liquidation judiciaire ou amiable d'une société civile ou commerciale, familiale ou autre pour la même raison.

Les dangers

Au nombre des dangers à éviter figurent ceux tenant à la capacité du vendeur.

S'il est bien évident qu'un incapable, inscrit par conséquent sur la liste des incapables, est dans l'incapacité juridique de signer tout engagement portant aliénation de son patrimoine, le danger n'est pas écarté parce qu'il ne figure sur aucune liste.

Il faut pratiquer une investigation préalable et discrète parce que les lois inhérentes à la protection de la vie privée interdisent évidemment qu'on aille fouiller la vie des familles.

Le mauvais scénario : le film

Le but recherché était assurément d'éviter que l'idée d'une spéculation sur la mort ne vienne vicier l'échange des consentements.

C'est cette hypothèse qu'a illustré avec méchanceté et brio le film de Pierre Tchernia : *Le Viager.*

Reprenons-en l'argument par le détail, car l'analyse de sa mécanique est éclairante des dangers encourus à éviter.

Un médecin de famille propose à des proches une bonne affaire : un de ses patients est atteint d'une maladie incurable et veut vendre sa maison en viager.

D'emblée la malhonnêteté de la démarche saute aux yeux, le pacte viager étant un contrat aléatoire, le fait de connaître son dénouement, c'est-à-dire de prévoir la mort du vendeur fait disparaître l'aléa et prive le contrat de son fondement légal.

La nouvelle rédaction envisagée du *Code civil* faisant disparaître la notion de cause au profit d'une référence à l'équilibre transactionnel, on dira que le contrat devient annulable parce que déséquilibré, ainsi de la constatation du préjudice renvoyé au rang de contenu du contrat licite et certain.

Plus généralement, l'équilibre des prestations réciproques laisse place à la constatation d'un déséquilibre significatif entre les droits et les obligations des parties.

Le fait de prévoir la mort du vendeur est un déséquilibre patent puisque le pacte est truqué dès son origine et la sanction en sera la nullité.

Le bon prix

L'acquéreur doit également se soucier de ce que le prix qu'il va payer le bien qu'il convoite, est conforme au marché.

De trop bonnes affaires peuvent se révéler de très mauvaises affaires.

Comme toute vente, la vente en viager peut se voir attaquée du fait de l'insuffisance du prix payé.

Nullité de la transaction pour vice du consentement, en l'occurrence la lésion de plus des 7/12ème, nullité relative dont la sanction doit être demandée dans le délai des deux ans de sa commission (article 1674 à 1685 du *Code civil*) par l'action en rescision pour lésion.

Cette action est difficile à mettre en œuvre dans le cadre d'un contrat à exécution successive comme la vente en viager, puisque le caractère aléatoire du contrat fait que l'on ne sait pas quel est le prix qui sera effectivement payé puisqu'on ne peut prévoir la durée de vie du vendeur.

Pour certains, on peut esquiver cette difficulté en fondant sa demande sur la notion de vileté de prix, c'est-à-dire la fixation d'un prix tellement faible au regard de la valeur réelle qu'il peut être considéré comme insignifiant (vil).

On rejoint là la théorie de la cause puisque le contrat serait affecté d'une nullité absolue pour absence de cause.

Mais nous savons aussi que le projet de réforme du code civil prévoit la suppression de la cause et son remplacement par une formule générale du contenu du contrat qui doit être licite et certain.

Cette difficulté, le demandeur qui n'est pas certain de l'applicabilité de la notion de lésion, faute de pouvoir définir avec précision la quotité de celle-ci ni même sa pertinence, pourrait tenter de contourner la difficulté en optant pour la vileté de prix, ce qui lui permettrait, selon la jurisprudence classique, de soutenir la constatation de l'évidence d'une nullité absolue du contrat.

Il serait cependant piégé par l'évolution de la jurisprudence en cette matière qui tend à appliquer au régime des nullités absolues celui des nullités relatives.

Le droit

Nous avons dit que l'absence d'aléa et la vileté de prix étaient des notions juridiques distinctes que le demandeur pourrait ainsi mais sans succès affecter de confondre en une seule notion, pour bénéficier malgré tout de la nullité pour absence de cause, quand on sait que la notion de la cause fait l'objet d'un abandon dans le cadre de la vileté de prix par le projet de réforme du *Code civil* et des dernières jurisprudences qui tendent à rapprocher la nullité pour vileté de prix de la nullité relative pour lésion.

Ce débat théorique mérite en tout état de cause d'être évité par la recherche d'un juste prix opéré avec le concours de professionnels avertis.

Le dernier point que doit retenir l'acquéreur, voisin de ce qui a été plus haut exposé pour les incapables concerne les dépressifs et les prodigues dont il sera laissé à sa sagacité ainsi qu'à la qualité des intermédiaires dont il se sera entouré, le soin de s'en prémunir.

Examen critique de l'aléa

À titre d'exemple, le défaut d'aléa se caractérise par le fait que le prix d'une vente en viager dépend de la durée de vie du vendeur et peut donc varier du simple au triple, selon que celui-ci vit le tiers, le quart ou le double de son espérance de vie en surplus, ce qui lui permet de recevoir un prix sans référence avec le cours du marché, ce qui doit tout au hasard.

Ceci est l'aléa par excellence visé par le texte légal : les contractants ne connaissent pas le prix qui sera payé en définitive.

Au début du présent chapitre, il a été risqué l'idée que certains acteurs du marché avaient tenté de dépersonnaliser le contrat de viager afin de se prémunir de tous les risques d'annulation plus haut exposés portant sur la disparition de l'aléa.

Cette dépersonnalisation, certains ont cru la réaliser en opérant de telle sorte que les parties ne se rencontraient jamais, chacune d'entre elle étant représentée par des mandataires munis d'une procuration.

On a cru ainsi déjouer le soupçon d'une spéculation morbide.

Comme cela a été démontré précédemment, cette précaution se révèle parfaitement inutile à partir du moment où les reproches encourus sont nettement caractérisés et les manquements prouvés.

À titre d'exemple, un acquéreur loue un bien acquis en viager libre, moyennant un loyer supérieur à la rente viagère qu'il paie, rentre dans la catégorie incriminée, sauf s'il démontre qu'il a effectué d'importants travaux lui permettant d'augmenter la valeur du bien qu'il a acheté.

En résumé, aucun artifice ne protège un contrat mal ficelé, et les tribunaux sont vigilants sur ce point.

CHAPITRE II

Le contrat

Quelques points notables

Pour déterminer le montant d'une rente viagère consécutive à la vente d'un bien immobilier, il faut retenir trois éléments fondamentaux :

Le taux de la rente

Le taux de la rente est librement choisi entre les parties (article 1976 du *Code civil*).

Aucune disposition légale ne prescrit d'adopter tel taux de rente plutôt que tel autre.

Cependant, l'expérience des trente dernières années, qui ont vu chuter significativement les taux de rente, en raison de l'augmentation de la longévité humaine, et par contrecoup déséquilibrer l'économie de la plupart des contrats viagers au détriment des acquéreurs, nous conduit à la plus extrême prudence, notamment en raison également de la baisse des taux d'intérêt bancaire, principal concurrent du viager.

– Même abaissé, le taux de rente le plus fiable, et donc le plus bas, en vigueur auprès des compagnies d'assurance ou organismes spécialisés, ne prend en compte que le passé. Il n'intègre pas la poursuite du mouvement d'allongement de la vie humaine. Il est donc faux et trop élevé.

– La statistique ne mesure que des gens disparates et non pas la clientèle sélectionnée, bourgeoise et bien soignée, des vendeurs en viager. Le taux est donc moins représentatif.

– Les grands âges ne fournissent pas de matière quantifiable en assez grand nombre. Le risque d'erreur est grand. Une baisse volontaire de 10 à 20 % du taux sélectionné me parait raisonnable et prudent.

Le choix ou non du bouquet

C'est affaire de convenance.

– Si le vendeur a besoin d'argent pour faire face à des dépenses, il lui faut nécessairement un bouquet.

– Si le vendeur, en revanche, veut placer cet argent, c'est une ineptie. L'argent placé paie la C.S.G., l'impôt sur le revenu, la plus-value éventuelle et l'I.S.F. La rente, au contraire, bénéficie de l'indexation sur le coût de la vie et n'est soumise à l'impôt que pour 30 % de son montant (plus de 69 ans) – *(par plus de 69 ans, il faut entendre 70 ans révolus, au moins. Si le crédirentier est âgé de plus de 69 ans mais n'a pas encore atteint 70 ans, la fraction est de 40 % (CE du 19.1.1996, n° 130377)).*

L'abatement pour occupation

Cet abattement ne peut être laissé au hasard (20 ou 30 ou 40 ou 50 % = technique du doigt mouillé). Il n'existe qu'une seule méthode dont le fondement juridique est patent ; la détermination d'une valeur locative du bien capitalisé sur l'espérance de vie du vendeur et déduite de la valeur libre de celui-ci.

Ensuite, cette valeur occupée fera l'objet d'une étude pour répartir, si besoin est, le versement d'un bouquet et la conversion du capital restant en rente viagère au taux qu'il plaira aux parties contractantes.

L'acte doit prévoir qu'en cas de libération anticipée du bien, la rente sera réévaluée moyennant une augmentation de la rente viagère en cours, calculée et fixée soit forfaitairement par un pourcentage d'augmentation de la rente viagère en cours, soit par une échelle d'augmentation de pourcentages basée sur l'espérance de vie du vendeur :

Exemple :

Valeur libre du bien :	1 000 000 €
Valeur locative du bien évaluée à 3 % soit :	30 000 €/an
Espérance de vie du Crédirentier :	15 ans
Valeur d'occupation (30 000 € x 15 ans =)	450 000 €
Valeur occupée du bien (1 000 000 – 450 000 =)	550 000 €

La valeur fiscale du bien à déclarer pour l'enregistrement sera de 550 000 €.

Ce calcul qui peut être annexé ou demeuré au dossier donne une base rationnelle à ce qui n'est la plupart du temps qu'approximation et jeu du hasard sans retirer cependant à cette vente ce qui la caractérise, l'aléa.

Ces précautions prises ne font qu'encadrer et humaniser un contrat aléatoire dont le fondement psychologique est le choix de l'arbitraire et du hasard.

Avec le jeu et le pari, il est le troisième pacte aléatoire prévu et autorisé par le *Code civil*. Son ressort est la chance et les ambitions sont contraires.

Mais contrairement au jeu et au pari, on ne perd pas tout puisque le bien immobilier reste dans le patrimoine de l'acquéreur.

Pour le vendeur, obtenir au mieux et légalement plus que la valeur du bien sans être un voleur.

Pour l'acquéreur, payer moins que le prix sans se faire traiter d'escroc.

Ces trois points éclaircis, il reste à préciser ceci :

Nous ne saurions conseiller un taux plutôt qu'un autre, un barème plutôt qu'un autre, la plus grande liberté régnant dans ce domaine (article 1976 du *Code civil*).

Gardons à l'esprit que ce choix doit être motivé par une appréciation raisonnable du marché sous peine d'encourir la critique du juge en cas de procès.

La vente

Les charges et travaux

Le contrat doit également prévoir la répartition des charges d'entretien et des travaux de l'immeuble.

Dans le cas contraire, la jurisprudence a tendance à considérer que ces charges profitant à l'occupant soit à ses frais.

La promesse de vente

Mentionnons à ce titre l'importance capitale du précontrat ou promesse de vente dont les mentions et les conditions se retrouveront à l'identique reportées dans l'acte réitératif qu'est la vente notariée, sans qu'il soit possible d'ajouter ou retrancher quelque disposition que ce soit.

La rétractation

La loi institue un délai de rétractation de dix jours (L 271-1 du code de la construction et de l'habitation) dont le départ n'est pas la signature du compromis mais la réception du courrier recommandé qu'il adresse.

Viager libre ou viager occupé

L'alternative au viager occupé est le viager libre pour lequel aucun abattement n'est retenu sur la fixation du prix, comme il a été exposé plus haut.

Enfin, et pour clore cette partie, il convient de préciser que le vendeur d'un viager occupé n'est pas titulaire d'un usufruit mais d'un droit d'usage et d'habitation.

Un point d'explication pour différencier la nature de ces deux notions juridiques voisines.

L'usufruit

L'usufruit est un droit réel, démembrement du droit de propriété.

On sait que le droit de propriété se compose de trois éléments dénommés *usus abusus fructus* ce qui se traduit en français moderne par le droit d'user, le droit d'abuser c'est-à-dire d'aliéner, enfin le droit de percevoir les fruits, par exemple les loyers.

Le titulaire d'un usufruit qui est constitué de l'usage et du droit de percevoir les fruits, permet donc à son titulaire d'habiter et de louer le bien concerné.

Il peut même avec l'accord du propriétaire céder son usufruit.

Le droit d'usage et d'habitation

À l'inverse, le droit d'usage et d'habitation ne permet que l'usage qui en est l'occupation mais ne permet aucunement la location à un tiers.

Ce droit ne peut jamais être aliéné et il s'éteint à la mort de celui qui en dispose.

Le titulaire d'un droit d'usage et d'habitation est en outre tenu d'assurer l'entretien du bien dont il n'est que le détenteur viager, de l'assurer et de payer les taxes et impôts qui se rapportent à son usage.

Il peut en conséquence être privé de ce droit après constatation de son manquement à l'une de ces obligations.

Il est hautement conseillé de choisir quand on est acquéreur le droit d'usage et d'habitation car l'usufruit recèle un danger considérable en cas de difficulté dans l'exécution du contrat.

À l'inverse, le vendeur voulant se réserver l'habitation aura tendance à préférer l'usufruit en en payant cependant le fruit qui sera la diminution de sa rente, calculée par une expertise basée principalement sur la valeur locative du bien et l'espérance de vie du vendeur.

CHAPITRE III

Le conflit

Tout se passe mal : le crédirentier ne paie plus les rentes ou avec un retard systématique.

Le titulaire du droit d'usage et d'habitation n'entretient pas le bien dont il a la garde et le laisse se dégrader.

Dans l'une ou l'autre hypothèse, il en existe de multiples, le procès s'installe.

Pour l'essentiel des causes examinées par le tribunal, la résolution du contrat est demandée parce que l'acquéreur s'abstient de payer la rente.

Le principe : l'inexécution du paiement de la rente n'ouvre pas la porte à la résiliation mais seulement à la demande en paiement.

La loi

« Le seul défaut de paiement des arrérages de la rente n'autorise point celui en faveur de qui elle est constituée à demander le remboursement du capital ou à rentrer dans le fonds par lui aliéné. Il n'a que le droit de saisir et de faire vendre le bien de son débiteur et de faire ordonner ou consentir sur le produit de la vente l'emploi d'une somme suffisante pour le service des arrérages». Article 1978 du code civil.

Il est cependant devenu de pratique courante d'insérer dans l'acte *une clause résolutoire* dont la validité est admise par la jurisprudence (Cass. Civ. 3e, 10 novembre 1992, Bull. III, n° 294; JCP G 1993, II, 22136, note Y. Dagord-Labbé; Rapp. Cass. Ass. Plén., 4 avril 2008, n° 07-14523).

Cette clause doit être invoquée de bonne foi et *avant le décès du crédirentier.*

La jurisprudence

Par un arrêt du 13 décembre 1988, la Cour de Cassation a ainsi approuvé la Cour d'appel qui, après avoir constaté que «*la crédirentière était décédée sans avoir manifesté de son vivant l'intention d'exercer une action en résolution du contrat et qu'il n'était pas établi qu'elle s'était trouvée dans l'impossibilité de s'en prévaloir.*» a estimé que «*le service de la rente viagère, créée au profit de Madame...sa vie durant par ledit contrat, constituait un droit personnel qui s'était éteint à son décès et qu'il n'était pas transmissible, dès lors que le juge ne pouvait résoudre un contrat ayant cessé d'exister*» (Civ. 1ère , 13 décembre 1988, Bull. 1988, n° 3553, p. 240).

La clause résolutoire

En outre, conformément aux règles générales applicables aux clauses résolutoires, le crédirentier doit avoir respecté les modalités de mise en œuvre de la clause.

Par un arrêt du 15 juin 1994, la 1ère Chambre civile de la Cour de cassation a ainsi censuré la décision d'une Cour d'appel pour avoir accueilli l'action en résolution des héritiers au motif que le crédirentier, avant son décès, avait adressé, par l'intermédiaire de son notaire, une lettre recommandée aux débirentiers qui rappelait les termes de la clause résolutoire et exprimait clairement la volonté du crédirentier de se prévaloir de cette clause, alors que la clause résolutoire stipulait l'envoi d'un commandement de payer auquel, selon la haute juridiction, ne peut être assimilée à une lettre recommandée.

Dans cet arrêt, la Haute juridiction a ainsi rappelé dans un attendu de principe que « *si l'action en résolution du contrat de rente viagère, ouverte au crédirentier par une stipulation dérogatoire à l'article 1978 du* Code civil, *est transmissible à ses héritiers, c'est à la condition, qu'il ait de son vivant, accompli les formalités prévues par cette clause* ».

(Bull. civ. I, n° 217 : JCP G 1995, I, 3828, n° 11, obs. Ch. Jamin).

Les conditions selon la jurisprudence

Cette exigence signifie que le crédirentier doit avoir exprimé son intention de se prévaloir de la résolution du contrat de son vivant.

Il existe une jurisprudence contraire de la Cour de cassation qui autorise le crédirentier en cas d'inexécution de demander directement la résolution de la vente plutôt que de passer par l'application de la clause résolutoire dérogeant à l'article 1978. C'est une jurisprudence isolée, elle émane de la 3e Ch de la Cour, elle n'a pas été prononcée en assemblée plénière chambres réunies et la loi n'a pas été modifiée.

L'article 1978 figure toujours au code et n'a pas été abrogé. Donc il ne s'agit pas d'un revirement de jurisprudence.

La résolution de la vente selon l'art. 1183 du *Code civil* : « la condition résolutoire est celle qui, lorsqu'on l'accomplit opère la révocation de l'obligation et remet les choses au même état que si l'obligation n'avait pas existé. Elle ne suspend point l'obligation, elle oblige seulement le créancier à restituer ce qu'il a reçu ».

Art. 1184 : La condition résolutoire est toujours sous-entendue dans les contrats synallagmatiques, pour le cas où l'une des deux parties ne satisfera point à son engagement.

Dans ce cas, le contrat n'est point résolu de plein droit. La partie envers laquelle l'engagement n'a point été exécuté, a le choix ou de forcer l'autre à l'exécution de la convention lorsqu'elle est possible, ou d'en demander la résolution avec dommages et intérêts.

La résolution doit être demandée en justice, et il peut être accordé au défendeur un délai selon les circonstances.

Conformément à l'art. 1184, le demandeur en résolution peut demander des dommages et intérêts.

Mais rien n'autorise le demandeur à la résolution, s'il est autorisé à agir (voir infra : dévolution successorale) à considérer que le tribunal va lui accorder des dommages et intérêts, la perte de la chose vendue étant déjà un grand dommage pour l'acquéreur.

Donc, s'il y a résolution judiciaire, le vendeur (ou ses héritiers) devra restituer les arrérages perçus, qui ne sont pas un loyer mais un fractionnement de prix de vente.

Problème, quel est ce prix de vente versé ?

Comment le vendeur prouve-t-il qu'une partie du prix a été payé (arrérages reçus) et une partie non payée (arrérages non versés).

L'intérêt à agir et la cause

Quel est l'intérêt à agir du demandeur ?

Si le demandeur est le vendeur, l'intérêt à agir est évident puisque la rente qui constitue son revenu (créance alimentaire) n'est pas payée.

Il demande la résolution de la vente c'est-à-dire la remise dans l'état antérieur à la conclusion du contrat.

En clair la restitution de sa propriété sur le bien.

À titre de clause pénale, quelque soient les stipulations du contrat, seul le juge peut lui allouer à titre de dédommagement les arrérages de rente qui lui ont été versés durant l'exécution du contrat.

Dans le cas contraire, il sera tenu de les restituer.

Si la demande en résolution vient des héritiers du crédirentier, une fois son décès intervenu, il convient d'examiner les points suivants :

Quel est le degré de parenté ? Il faut voir la notoriété établie par le notaire après le décès du crédirentier.

L'héritier vient-il en ligne directe ou par voie collatérale ? (neveux, nièces)

Si l'héritier est un héritier direct, il dispose des droits de son auteur à l'identique sous la charge d'acquitter les droits de succession, si l'héritier est un héritier collatéral, il faut distinguer s'il vient par représentation d'une sœur ou d'un frère ou s'il vient en vertu d'un legs particulier.

Si nous sommes dans le deuxième cas, seule la quotité des droits de succession diffère des héritiers directs (55 à 60 % de droits de succession).

Si l'héritier vient en vertu d'un legs particulier, il lui faudra demander au tribunal d'être envoyé en possession du legs, ce qui est une décision de justice.

Droits de succession

Droits de succession et de donation en ligne directe : de parents à enfants

Droits de successions et de donations en ligne directe au 01/01/2017			
Abattement	**Tranches (après abattement)**	**Taux**	**À soustraire pour un calcul rapide**
Succession et donation : 100 000 € entre parents et enfants ; **Donation :** 31 865 € entre grand-parent et petit-enfant et 5 310 € entre arrière grand-parent et arrière petit-enfant ; **Don d'argent :** abattement supplémentaire de 31 865 € si le donateur a moins de 80 ans pour un don aux enfants majeurs ou pour un don aux petits-enfants et arrières petits enfants majeurs. **Donation de terrain à bâtir et de logement neuf** : abattement de 100 000 € si l'acte est fait au profit d'un ascendant ou d'un descendant.	≤ 8 072 €	5 %	0 €
	de 8 073 € à 12 109 €	10 %	- 404 €
	de 12 110 € à 15 932 €	15 %	- 1009 €
	de 15 933 € à 552 324 €	20 %	- 1806 €
	de 552 325 € à 902 838 €	30 %	- 57 038 €
	de 902 839 € à 1 805 677 €	40 %	- 147 322 €
	Au-delà de 1 805 677 €	45 %	- 237 606 €

Droits de donation entre conjoints et partenaires pacsés

Droits de donation entre époux et entre partenaires PACS au 01/01/2017			
Abattement : 80 724 €	Tranches (après abattement)	Taux	À soustraire pour un calcul rapide
Donation de terrain à bâtir et de logement neuf : abattement de 100 000 €	≤ 8 072€	5%	0 €
	de 8 073€ à 15 932€	10%	404 €
	de 15 933€ à 31 865€	15%	1 200 €
	de 31 866€ à 552 324€	20%	2 793 €
	de 552 325€ à 902 838€	30%	58 026€
	de 902 839€ à 1 805 677 €	40%	148 310 €
	Au-delà 1 805 677€	45 %	238 594 €

Droits de succession et de donation entre frères et sœurs

Droits de successions et de donations entre frères et sœurs au 01/01/2017		
Abattement 15 932 € (exonération totale de droits de succession sous trois conditions cumulatives*)	Tranches (après abattement)	Taux
Donation de terrain à bâtir et de logement neuf : abattement de 45 000 € si l'acte est fait au profit d'un ascendant ou d'un descendant.	0 € à 24 430 €	35%
	Au-dessus de 24 430 €	45%
*Si l'héritier était célibataire, veuf ou divorcé ou séparé de corps ; s'il a plus de 50 ans ou est atteint d'une infirmité lui interdisant de travailler et domicilié avec le défunt pendant les 5 années précédant le décès.		

Droits de succession et de donation entre parents jusqu'au 4e degré inclus

Droits de succession et de donation à un tiers et à des parents jusqu'au 4e degré au 01/01/2017		
Abattements	**Tranches (après abattement)**	**Taux**
À un **neveu ou nièce** : 7 967€ **Autre parent** : 1 594 € **Don d'argent** :abattement supplémentaire de 31 865 € si le donateur a moins de 80 ans pour un don aux neveux et nièces majeurs ou pour un don aux petits-neveux* et petites nièces majeurs. **Donation de terrain à bâtir et de logement neuf** : abattement de 35 000 € sous conditions*.	Sur part taxable	55%

*Les grands-oncles et grands-tantes doivent être sans descendance. Le parent du donataire, neveu ou nièce du donateur, doit être décédé.

Droits de succession et de donation à un tiers et à des parents au-delà du 4edegré

Droits de succession et de donation à un tiers et à des parents au-delà du 4e degré au 01/01/2017		
Abattements	**Tranche (après abattement)**	**Taux**
Succession :1 594 €	Sur part nette taxable	60%
Donation : abattement temporaire de 35 000 € sous conditions en cas de **donation de terrain à bâtir et de logement neuf**		

Sur le sort des inscriptions prises au profit du crédirentier décédé

En raison de son caractère viager, la rente s'éteint à la mort de la personne sur la tête de laquelle elle est constituée.

Toutefois, le décès n'éteint pas les créances d'arrérages antérieurs que les héritiers peuvent réclamer dans la limite de la prescription quinquennale (Ph. Malaurie, L. Aynès et P.-Y Gautier, Les contrats spéciaux, Defrenois, 4e éd. N° 1002 ; A. Bénabent, Les contrats spéciaux civils et commerciaux, Montchrestien, 9e éd., n° 1389).

Cette solution, qui repose sur une jurisprudence constante, a notamment été rappelée par la 1ère Chambre civile de la Cour de cassation dans un arrêt du 18 avril 2000 (*Bull. civ.* I, n° 116) :

« Sur le moyen unique de pourvoi :

Vu les articles 1078 et 1980 du Code civil :

Attendu que si le service d'une rente viagère constitue un droit personnel qui s'éteint au décès du crédirentier, il n'en demeure pas moins que les arrérages échus et non versés sont acquis à celui-ci jusqu'à son décès et que ses héritiers peuvent donc en poursuivre le paiement.

Il en résulte que les inscriptions qui grèvent l'immeuble conservent leur efficacité au titre des arrérages échus avant le décès dont elles continuent de garantir le paiement.

En résumé

L'action en résolution de la vente en viager est transmise aux héritiers dès lors qu'elle a été introduite par le crédirentier avant son décès.

Si elle a été fondée sur le jeu d'une clause résolutoire, le crédirentier doit, en outre, avoir respecté les modalités de sa mise en œuvre pour que son action soit transmissible.

Les héritiers qui souhaitent reprendre l'instance doivent seulement rapporter la preuve de leur qualité d'héritier par la remise de l'acte de notoriété, la déclaration de succession et le certificat de propriété établissant l'existence de la créance invoquée.

Il faut préciser pour ce dernier :

1°) liste des arrérages impayés.

2°) valeur du bien revendiqué moins la partie du prix de vente payé qu'il faudra restituer au débirentier.

Ce qui nécessite pour l'établissement du certificat de propriété de la créance éventuelle léguée qu'il faille une évaluation actuelle du bien et de la liste des rentes payées depuis l'origine pour déterminer la valeur exacte de la créance. En effet, la mention *Pour mémoire* sera là insuffisante pour caractériser l'intérêt à agir.

Après le décès du crédirentier, les inscriptions qui grèvent l'immeuble continuent de garantir le paiement des arrérages échus avant le décès, qui sont acquis au crédirentier et à ses héritiers. Pour cela, il faut en établir le montant.

Peut-on aujourd'hui remplacer la demande en résolution d'une vente en viager sans utiliser la clause résolutoire incluse dans l'acte notarié ? L'article 1978 du code civil qui prohibe la résolution de droit commun pour les ventes en viager est-il dépassé ? Il n'en est rien.

Toute action en résolution d'une vente en viager notariée doit faire l'objet d'un commandement de payer préalable, établi selon les normes prévues à l'acte de vente.

Ce commandement doit rapporter intégralement la clause résolutoire prévue au contrat afin de bénéficier de la dérogation à l'article 1978 du *Code civil* qui prohibe la résolution judiciaire de la vente en viager.

Une demande en résolution judiciaire doit faire l'objet d'une publication à la conservation des hypothèques.

L'inscription qui profite au crédirentier lui est personnelle comme tout privilège particulier. Elle ne se transmet aux ayants droits de celui au profit duquel elle a été prise que si elle est renouvelée en temps utile à leur nom propre.

La procédure à observer est la suivante :

– Dans le cadre d'une cession amiable le caractère personnel et spécial interdit que vienne au droit du crédirentier quiconque n'a pas été partie à l'acte de vente et n'a pas été agréé par les contractants originels.

– Cette transmission est donc impossible de gré à gré sans le renouvellement des conventions ce qui impose la rédaction d'un nouvel acte notarié.

– Dans le cadre d'une transmission pour cause de décès aux héritiers ou ayants droits par suite de donation, la procédure est la suivante :

– L'héritier naturel ou légataire particulier doit demander au tribunal que soit reconnue sa qualité par un envoi en possession qui prend la forme d'un jugement.

Une fois cet envoi en possession obtenu, demeurent deux hypothèses :

– le privilège (clause résolutoire) profitant au défunt a été radié par suite de son décès. Il échet alors de demander au notaire régleur de la succession d'établir un acte constatant la dévolution successorale et sa consistance.

Cet acte, pour ce qui concerne le privilège de l'action résolutoire devant sanctionner l'inexécution par le débirentier de son obligation de payer le prix de vente en viager est un certificat de propriété établi par le notaire mentionnant la valeur de la créance résultante.

– Si cette inexécution est contestée en justice, le certificat de propriété peut mentionner que la créance est éventuelle, puisqu'il appartiendra au juge d'en valider l'existence.

C'est ce certificat de propriété notarié qui doit faire l'objet d'une publication, et le montant de la créance ainsi réclamée par les héritiers ou ayants droits doit figurer pour son montant ou pour mémoire à la déclaration de succession établie par le notaire et signée par des héritiers dans les six mois du décès du crédirentier.

En effet, le décès du crédirentier a éteint ipso facto le privilège spécial qui lui profitait comme action résolutoire.

Il faut, pour ressusciter celle-ci et activer son mécanisme au profit des héritiers ou ayants droits, un nouveau titre de propriété susceptible d'être publié.

Ce nouveau titre est le certificat de propriété notarié dont l'envoi en possession a permis l'établissement. Ce titre permet que se constitue, au profit de celui qui le détient, un privilège également spécial.

Aucune action en résolution n'est permise à un ayant droit à qui aucun privilège spécial ne profite et la spécialité du privilège entraîne la personnalité exclusive de celui à qui il profite.

Dans le cas où le bien légué, pour autant que la consistance de ce legs soit reconnu en justice, a été transmis à un autre titulaire (donation, apport ou vente) avant la publication du titre établissant la dévolution de cette créance éventuelle au profit des ayants droits ou héritiers, l'action en résolution n'est plus possible.

CHAPITRE IV

Cas particuliers

L'ASSURANCE

On a dit l'importance pour le débirentier de veiller à ce que son crédirentier assure le bien qu'il occupe en vertu du droit d'usage et d'habitation.

Que se passe-t-il si le bien est détruit en tout ou partie par un incendie, un dégât des eaux ou tout autre événement prévisible et donc assurable ?

Afin d'éviter le problème que serait une défaillance du crédirentier dans l'exercice de cette obligation, il convient à tire de précaution d'exiger du vendeur qu'il remette la preuve de la souscription d'une police chaque année à une date anniversaire qui sera déterminée par le contrat.

Il faudra aussi prévoir dans le contrat la sanction au manquement à cette obligation qui peut aller jusqu'à la résolution de la vente après commandement resté sans effet.

En effet, une négligence dans ce cas serait particulièrement dommageable car l'acquéreur serait privé de la propriété qu'il a acquise sans pouvoir de lui-même mettre un terme au paiement de la rente, une décision judiciaire devant intervenir à cet effet.

Si l'assurance a été prise, il convient de vérifier qu'il s'agit d'une assurance prévoyant la reconstruction à l'état neuf ou non.

Tout cela doit être prévu au contrat de vente.

Au chapitre des précautions à prendre, il a été préalablement souligné le danger de la vente à un commerçant ou une société susceptible d'être placée en redressement judiciaire ou en liquidation.

Mais que se passe-t-il si une telle éventualité arrive malgré tout ?

Entraîné dans la procédure collective de son acquéreur, le vendeur en viager ne pourra malheureusement faire l'économie de sa participation à la procédure en faisant valoir le caractère alimentaire de sa créance, afin que les autorités de la procédure procèdent au plus tôt à la cession du bien assorti du service de la rente.

Aucune garantie en tout état de cause ne peut être assurée quant à la perception et reconstitution des rentes impayées.

Le rachat de la rente

Le principe veut que l'on ne puisse pas s'exonérer du service de la rente puisque celle-ci, comme son nom l'indique, viagère, doit accompagner le vendeur jusqu'au terme de son existence.

Mais les dispositions de l'article 1979 du *Code civil* qui dispose que la rente est due quelque soit la durée de la vie des personnes, ne sont d'ordre public.

On peut y déroger par une clause stipulée au contrat.

La difficulté vient de ce que le rachat de la rente ne peut se faire qu'à des conditions identiques à l'acte de vente.

Un débirentier pourrait donc s'exonérer du service de la rente en théorie à la condition d'offrir un capital à une compagnie d'assurance qui prendrait sa suite dans l'obligation dont il s'exonère ainsi. Double difficulté cependant.

L'usage veut que les rentes souscrites entre particuliers soient indexées sur un indice reconnu valable comme l'indice mensuel des prix à la consommation des ménages urbains dont le chef est employé ou ouvrier, série hors tabac, base 100 en 1998, établi par l'Institut National de la Statistique et des Etudes Economiques (INSEE) et publié au Bulletin mensuel des Statistiques.

Or, les compagnies d'assurance ont l'interdiction formelle de procéder à l'indexation de leurs produits et cela en vertu d'une ordonnance du 30 décembre 1958 précédant d'un an la création du nouveau franc dans le souci de protéger l'épargne publique contre l'inflation.

Les compagnies d'assurance croient tourner la difficulté en proposant la revalorisation de leurs produits en fonction d'une progression de leurs propres résultats, ce qui est tout à fait potestatif et peut s'avérer illusoire.

Les rentes servies par la CNP, filiale de la Caisse des Dépôts et Consignation sont encore plus mal loties, puisqu'elles ne sont revalorisées qu'en vertu d'une grille arrêtée par la loi de finance votée chaque année par le parlement. De plus le bénéfice de cette revalorisation n'est permis qu'au crédirentier ne dépassant pas un faible plafond de ressources fixé par la loi : solution à éviter.

17 774 euros/an pour une personne seule

33 786 euros/an pour un ménage.

Le décès du débirentier

La loi stipule que les héritiers sont tenus de respecter les engagements pris par leur auteur.

Le transfert de la charge de la rente doit se faire sans difficulté, à charge pour le crédirentier de signaler son existence au notaire chargé de la succession du débirentier en lui adressant l'acte de vente notarié ayant arrêté les conditions.

En cas de difficulté, le vendeur pourra reprendre sa liberté sous les formes de droit ordinaire en faisant constater l'acquisition de la clause résolutoire.

Les garanties

À la garantie du vendeur, une inscription hypothécaire avec privilège de vendeur et action résolutoire, sera requise, réservant la résolution de la vente en cas d'inexécution des conditions mises au transfert de propriété.

Il est ordinairement prévu à l'acte du notaire que la main levée des inscriptions se fait par la production de l'acte de décès du ou des crédirentiers sans autre formalité.

CHAPITRE V

La fiscalité du viager

Sous le terme fiscalité du viager se cache un redoutable marronnier s'il nous est permis d'employer cette expression de journaliste pour désigner des tartes à la crème destinées à attirer le gogo.

La sévérité de ce jugement repose sur la vérité suivante déjà dite en début de cet ouvrage.

Ce *vade-mecum* n'a pas vocation à être un énième guide du viager. Il en existe déjà d'excellents en circulation.

Le *vade-mecum,* comme son nom l'indique est un accompagnement de la décision.

Il a pour objectif de sonder le tréfonds des motivations et donc d'éclaircir les buts recherchés.

Mieux définir l'action la facilite.

L'avantage fiscal n'est pas un appât. C'est une circonstance.

La fiscalité du viager se résume en cinq points :

1 - aux droits de mutation

2 - à la plus-value

3 - à l'impôt sur le revenu
4 - à l'ISF et la CSG
5 - et au RDS.

Droits de mutation

Nous l'avons dit, à la rente constituée correspond un capital défini par le barème fiscal de l'administration, auquel s'ajoute éventuellement le bouquet versé, s'il y a.

L'intégralité du prix constitué au prix théorique est assujettie aux droits de mutation au tarif des ventes d'immeubles.

Nul avantage, nulle dérogation au droit commun à ce chapitre.

L'acte de vente notarié prévoit à ce sujet une clause d'évaluation afin de permettre le calcul des droits d'enregistrement.

Le droit d'enregistrement se compose :
– du droit départemental au taux de 4,50 %
– de la taxe additionnelle au taux de 1,20 %
– du prélèvement supplémentaire de l'état au taux de 2,37 % calculé sur le montant du droit départemental.

La plus-value

La plus-value est due sur le barème des cessions d'immeubles sans différence avec la vente d'immeubles ordinaires (il convient de se rapporter au code général des impôts pour les dispositions en vigueur le jour de la vente.)

Impôts sur le revenu

Avec une légèreté blâmable, certains auteurs de guides prétendent que la fiscalité du viager jouit d'une dérogation avantageuse parce que la rente n'est imposée au titre de l'impôt sur le revenu que sur une assiette réduite de son montant.

C'est oublier un peu vite que si elle est un complément de revenus, la rente viagère n'est cependant pas un revenu mais le paiement d'un prix échelonné dans le temps.

Et bien souvent, il s'agit de la résidence principale des vendeurs, seul bien exonéré de plus-value.

On ne parlera donc pas d'un avantage.

ISF

En matière d'ISF, la rente viagère perçue à titre onéreux en contre partie de la vente d'un bien est comprise dans le patrimoine taxable du crédirentier pour la valeur qu'elle représente en capital.

Tous les ans au 1er janvier, le crédirentier doit déclarer la valeur de capitalisation de sa rente.

La direction générale des finances publiques publie dans la notice annexe de la déclaration d'ISF, un barème (imprimé 2725- NOT- D).

Cette valeur est déterminée à partir du montant annuel des arrérages compte-tenu de l'âge du crédirentier au 1er janvier.

En plus de la valeur de capitalisation de sa rente, le crédirentier qui conserve la jouissance de son bien, doit déclarer la valeur de l'usufruit de celui-ci en se référant au barème de l'article 669 du CGI, car le titulaire d'un droit d'usage et d'habitation est classé dans la même catégorie qu'un usufruitier.

Les rentes sont assujetties à la CSG et au RDS.

Code civil – quelques textes

Comme je vous l'indiquais précédemment, les ventes en viager sont soumises au respect de quelques articles du Code Civil, dont nous devons retenir les principes, que voici :

– article 1656 : *s'il a été stipulé, lors de la vente d'immeuble, que faute du paiement du prix dans le terme convenu, la vente sera résolue de plein droit, l'acquéreur peut néanmoins payer après l'expiration du délai, tant qu'il n'a pas été mis en demeure par une sommation, mais après cette sommation, le juge ne peut pas lui accorder de délai.*

– du contrat de rente viagère : article 1968 : *la rente viagère peut être constituée à titre onéreux, moyennant une somme d'argent, pour une chose mobilière appréciable ou pour un immeuble.*

– article 1971 *: la rente viagère peut être constituée soit sur la tête de celui qui en reçoit le prix, soit sur la tête d'un tiers qui n'a aucun droit d'en jouir.*

– article 1972*: elle peut être constituée sur une ou plusieurs têtes.*

– article 1975 : *ne produit aucun effet le contrat par lequel la rente a été créée sur la tête d'une personne atteinte de la maladie dont elle est décédée dans les 20 jours de la signature du contrat.*

– article 1976 : La rente viagère peut être constituée au taux qu'il plaît aux parties contractantes de fixer.

DEUXIÈME PARTIE

Le viager financier et mobilier

Introduction

Dans une première partie, nous avons tenté de cerner les motivations qui animaient les protagonistes du pacte viager.

Quelles soient d'ordre économiques, psychologiques ou morales, nous ne reviendrons pas sur l'analyse de ce qui a caractérisé la prise de décision.

Tous ceux que ces questions intéressent pourront revenir avec profit à la lecture de l'ouvrage précédent.

Comme tout jeu de piste, le chemin parcouru en commun nous a entraîné évidemment vers d'autres situations qui sont les conséquences ou le corolaire de ce qui a été tracé.

Tentons de faire le point sur les possibilités induites par la découverte de la matière.

Nous essaierons d'en brosser le tableau le plus complet.

Poursuivons donc la promenade initiée en commun.

CHAPITRE VI

Généralités sur le viager financier

Ainsi que nous l'avons vu précédemment, la vente en viager demeure une vente ordinaire dont le prix est converti en rente.

Ce que l'on appelle le viager se résume donc à n'être *stricto sensu* que le mode de liquidation du prix en question, en un mot le paiement.

Rappelons que le mode de paiement du prix, par le moyen du versement d'une rente viagère doit faire l'objet d'un calcul actuariel prenant en compte la durée statistique de la vie du vendeur. Ainsi résumé, le paiement d'un prix en viager pourrait concerner tout aussi bien la vente d'un bien meuble que d'un bien immeuble.

À titre d'exemple : je suis âgé de 90 ans et je dispose d'un joli chapeau, pourquoi ne chercherai-je pas à le vendre en viager ?

En effet, la durée de mon existence restant à courir étant sensiblement moins longue que celle que je pouvais pronostiquer lors des débuts de ma vie active, j'ai tout intérêt à réaliser la contre-valeur de ce chapeau, en m'en réservant l'usage éventuellement le reste de ma vie durant pendant qu'il en est encore temps.

Vont se poser quelques questions…

Premièrement, qu'est-ce qui me garantit la réalité du paiement de la rente si je me dessaisis du chapeau ?

Deuxièmement, comment assurer ce chapeau au bénéfice de l'acheteur, si j'en garde l'usage par l'exercice de la possession ?

Troisièmement, ce qui n'est pas le plus simple, comment trouver un acquéreur pour ce chapeau ?

Voilà, à titre anecdotique et quelque peu amusant, les questions qui vont se poser dans un cadre plus sérieux.

Je vous propose qu'on en face l'examen ensemble.

À l'origine du pacte viager il y avait la contribution volontaire à l'entretien des ascendants souscrite par l'attribution d'un capital numéraire.

Dans le courant du XXe siècle des sociétés financières telle la Française de rente et de financement ont imaginé organiser la cession d'un capital financier abandonné à fond perdu contre le service d'une rente viagère indexée sur le coût de la vie, imitant en cela la procédure qui s'était dégagée au fil des ans en faveur du viager immobilier.

La Caisse nationale de prévoyance, organisme d'État dépendant de la Caisse des dépôts et consignation, ne faisait pas autre chose depuis la guerre.

Cette construction originale avait traversé les siècles, puisqu'on se souvient bien qu'au XIXe siècle Maître Ancelle, notaire, avait constitué ainsi une rente viagère pour le compte du poète prodigue, Charles Baudelaire.

Les aléas économiques de l'époque moderne étant mieux pris en charge qu'auparavant car plus sûrement pronostiqués, les failles du système étaient telles qu'il fallait absolument y remédier.

CHAPITRE VII

Les sûretés

Il saute aux yeux que donner une somme d'argent est un acte facile à réaliser, mais qu'en retour s'assurer du service d'une rente viagère est moins simple qu'il n'y paraît.

Quelles sont les garanties offertes au crédirentier en cas d'inexécution de sa prestation par le débirentier ?

Arriver à ce point de l'étude, nous croyons utile de passer en revue les difficultés et les solutions engendrées par la vente d'un capital monétaire en viager.

La vente ! Eh oui, le mot est lâché, il s'agit bien d'une vente d'argent et non d'un prêt, quand bien même la terminologie juridique reste attachée à la dénomination de prêt viager.

Quelles garanties ?

La pratique a dégagé trois garanties principales dont l'efficacité et le coût varie en fonction du type de contrat.

– la caution
– le gage
– l'hypothèque

La caution

D'après le *Dictionnaire Littré*, la caution est l'engagement que l'on prend pour un autre.

En matière civile, le *Littré* précise que cautionner est l'engagement de satisfaire à une obligation en cas de défaut du contractant. C'est donc une garantie de bonne exécution.

Cautionner c'est répondre d'un engagement d'une autre personne ou entité.

Dans le cadre d'une vente en viager d'un capital numéraire, le vendeur peut demander à l'acquéreur de lui fournir caution personnelle de s'acquitter de l'obligation de servir la rente.

Cet engagement trouve là rapidement sa limite, car il résulte purement et simplement de l'obligation contractée lors de l'acquisition du capital mobilier que représente le montant de la somme d'argent achetée.

On envisagera donc le cautionnement comme l'appel à l'engagement solidaire d'une tierce personne garante de l'obligation souscrite.

Dans le cas d'une vente en viager d'une somme d'argent, l'acquéreur peut assurer l'intervention d'un tiers à la bonne fin du contrat. Cela peut être un membre de la famille ou qui l'on veut. Cela peut être aussi une compagnie d'assurance qui vient à garantir le contrat.

Mais la vie est longue de nos jours, et une vente en viager peut s'éterniser.

Les compagnies d'assurance seront tentées de limiter dans le temps la durée de leur engagement, et les cautions personnes privées peuvent disparaître. C'est la raison pour laquelle une autre sureté peut être appelée à la rescousse pour conforter la caution. Le gage, le nantissement ou l'hypothèque par exemple.

Examinons le gage et le nantissement qui sont deux formes voisines de sûreté régis par le même principe.

Le gage et le nantissement

Le gage

Article 2333 du *Code civil*

Le gage est un contrat par lequel une personne remet à son créancier un objet mobilier ou une valeur pour assurer l'exécution de ses engagements, par exemple le remboursement d'un prêt d'argent. Le contrat se forme par la remise de l'objet sur lequel porte le gage.

Il peut exister également des gages sans dépossession, ce qui rend leur exécution plus difficile en cas de survenance du risque garanti.

Un contrat de viager garanti par une caution personnelle appuyée sur la remise d'un gage peut donc parfaitement remplir le rôle qui lui est alloué, c'est-à-dire d'assurer la bonne fin de l'engagement de verser une rente la vie durant.

Pour autant, il ne faut pas mésestimer les difficultés d'un tel système, la principale étant la restitution du gage, une fois le contrat éteint par le décès du crédirentier.

On imagine fort bien dans une opération de succession les difficultés que peut engendrer la disparition du gage.

Le gage sans dépossession conduit à une difficulté équivalente, car le crédirentier doit pouvoir s'assurer que le débirentier n'en a pas fait un autre usage.

Cela conduit tout naturellement à envisager la solution de l'intervention d'un assureur professionnel garantissant la représentation du gage.

On voit tout de suite que ce schéma ne peut concerner que quelques contrats dont l'importance justifie un tel appareil, mais que toute solution découlant de ce type peut être rapidement considérée comme surdimensionnée par rapport à l'importance de l'enjeu, c'est-à-dire le montant de la somme achetée.

Tournons-nous alors vers une autre solution qui en est la voisine peut-être plus facile à mettre en œuvre : le nantissement.

Le nantissement

Article 2355 du *Code civil*

Le nantissement est l'affectation, en garantie d'une obligation, d'un bien meuble incorporel ou d'un ensemble de biens meubles incorporels, présents ou futurs.

Comme son cousin le gage, le nantissement est une garantie portant sur un bien accordé par un débiteur au profit de don créancier ou du créancier d'une personne ou d'une société dont il se porte caution.

La différence en est que le bien donné en garantie dans le cadre du nantissement est un droit incorporel quand il s'agissait d'un meuble réel dans le cadre du gage.

Le nantissement, pour être efficace, doit s'accompagner d'une publicité que l'on appelle une publication, une inscription sur les registres du tribunal de commerce compétent, quand il s'agit d'actions ou de parts sociales de société ou d'un fonds de commerce.

Le nantissement exige la rédaction d'un écrit à peine de nullité. Il peut être rédigé sous seing privé ou par un notaire.

Il peut concerner également le bénéfice d'une assurance vie.

En cette matière, il n'apparaît pas nécessaire de conforter cette sûreté par la souscription d'une police d'assurance.

Cependant, ainsi que l'on peut s'en rendre compte aisément, l'acte de nantissement garantit principalement des biens meubles incorporels, commerciaux (titres de société, fonds de commerce) qui sont vulnérables au regard des procédures collectives que met en œuvre le droit de la faillite, redressement judiciaire et liquidation judiciaire.

Un contrat de viager est un contrat long, comme nous l'avons dit. C'est même un voyage au long cours. Il s'assortit mal avec le caractère aventureux de la vie des affaires, régie, elle, par le temps court.

Nous tournerons nos yeux alors vers la troisième garantie envisagée en tête de ce chapitre, appelée longtemps, la reine des sûretés, l'hypothèque

L'Hypothèque

Article 2393 du *Code civil*

L'hypothèque est un droit réel sur les immeubles affectés à l'acquittement d'une obligation. Elle est, de sa nature, indivisible, et subsiste en entier sur tous les immeubles affectés, sur chacun et sur chaque portion de ces immeubles.

Elle les suit dans quelques mains qu'ils passent.

La ressemblance d'un viager financier avec un viager immobilier est patente quand l'obligation principale est appuyée par une sûreté immobilière, à la différence que la chose vendue n'est pas le bien immobilier sur lequel porte la sûreté mais un bien immobilier affecté à la garantie d'une somme d'argent.

On pourrait croire que chacun de ces deux contrats sont même l'avers et l'endroit d'une même médaille, puisque dans une hypothèse la rente viagère est la conversion actuarisée du prix ayant permis l'acquisition de l'immeuble, alors que dans l'autre hypothèse, l'immeuble est la garantie de l'acquisition de la somme d'argent actuarisée.

Cet exposé théorique liminaire qui nous a servi à planter le décor du viager financier doit maintenant laisser la place à la somme des conséquences et de problèmes qu'il est nécessaire de traiter afin de rendre le contrat possible et confortable.

Place donc aux conditions imposées par la conclusion d'un pacte viager financier et examen des éventualités et solutions à mettre en œuvre pour en faciliter l'exécution.

CHAPITRE VIII

Acheter un capital viager
La naissance du désir

Nous le disions en préambule, le prêt viager, nom juridique du viager financier, est connu depuis les débuts du royaume de France comme une contribution volontaire à l'entretien des ascendants, parfois des descendants.

Il était donc étroitement circonscrit dans le cadre des usages découlant de la vie familiale.

Pour le reste, le recours au crédit, c'est-à-dire au prêt d'argent avec intérêts, s'est dégagé progressivement de l'interdiction édictée par l'Église selon la doctrine de laquelle l'argent ne devait pas faire d'enfants.

La prohibition du prêt à intérêts, ainsi d'ailleurs que toute activité lucrative pour la noblesse, durera jusqu'à la Révolution française, le commerce de l'argent étant réservé aux israélites et aux banquiers lombards.

On se souvient avec amusement de la série télévisée *Les rois maudits*, où le prêteur lombard est incarné par Louis Seigner dans le rôle de Tolomeo Tolomei.

Par le décret d'Alarde et la loi Le Chapelier qui dérégule les protections sociales érigées par l'Ancien Régime, le capitalisme financier pourra déferler sur la France dès 1791 et le commerce de l'argent se répandra avec facilité comme étant le corolaire du nouveau système.

Dès cette époque, le Français prendra l'habitude d'emprunter toujours et de plus en plus, d'abord pour spéculer, puis pour investir, et enfin au XXe siècle, tout simplement pour vivre.

Née sous le Premier Empire, la banque irriguera la vie sociale sous le Second.

Les crises financières à répétition qu'a connu le monde occidental dès le début du XXe siècle, de la crise de 1929 (vraie cause de la guerre de 39-45) jusqu'à l'affaire Madoff et la faillite du Crédit Lyonnais, ont épuisé les limites que pouvait supporter une société organisée.

Érigée au rang d'une croisade, la lutte contre l'inflation modifie profondément les comportements, sans qu'il soit possible de sortir du modèle de la société de consommation.

Sur le fond d'une opposition civilisationnelle Nord-Sud, qui est le recommencement des guerres de Charlemagne, la société civile est appelée par ses gouvernants à la modération, sinon à la frugalité.

Cela explique le recours aux solutions alternatives qui naissent tous les jours sous nos yeux ébaubis, au nom de l'écologie et du partage.

Le viager financier, parce qu'il économise la création monétaire, et permet d 'échapper à l'encadrement bancaire, est l'une des solutions imposée par ces modifications profondes.

Vente et non pas prêt, la remise d'une somme d'argent par un individu à un autre contre le versement d'un prix que constitue la rente viagère est donc un moyen astucieux et habile de contourner la difficulté présente d'accès au circuit bancaire.

Pas d'enquête préalable, pas de fichier Banque de France, pas d'investigation saugrenue et indiscrète, tel cet irritant : « – Qu'allez-vous faire de cet argent ? – Ce que je veux, mon Cher Monsieur ! » Certes, certes … mais cet argent, où le trouver ?

CHAPITRE IX

L'organisation du marché

Les sociétés d'intermédiation

Le marché de l'argent est un marché difficile, régi par le Code monétaire et financier.

Les banques y jouissent d'un monopole presque total, et il n'est guère loisible de concourir à la collecte de fonds, sans encourir le risque d'une incrimination pénale pour exercice illégal du métier de banquier.

C'est la raison pour laquelle la relative bienveillance du législateur à l'égard de la conclusion de prêts viagers s'explique par leur rareté et la quasi impossibilité d'organiser une collecte de l'épargne publique.

Cantonné au strict domaine de contrats passés entre particuliers, le viager financier a pu subsister sans trop de dommages dans l'interligne de la loi, mais sans prendre l'ampleur qu'un marché libre aurait pu lui permettre.

Cependant, il existe deux exceptions notables à cette constatation :

La Caisse Nationale de Prévoyance (CNP)

Les capitaux disponibles en quête de la constitution de rentes viagères au bénéfice de conjoints ascendants ou descendants, ont été orientés vers la Caisse Nationale de Prévoyance (CNP), filiale de la Caisse des dépôts et consignation.

Cependant, cet organisme ne répond qu'à la moitié de la recherche disponible, puisqu'il récolte l'argent des particuliers moyennant l'abandon à fond perdu des sommes confiées, contre le service de rentes viagères conclu au bénéfice du bénéficiaire désigné par le contrat.

En revanche, cet organisme ne vend pas d'argent aux particuliers, on ne se trouve donc pas en présence de prestation acquéreur-vendeur, la CNP occupant à titre exclusif la position de l'acquéreur.

Les rentes servies par la CNP sont indexées dans la limite d'un plafond de ressources, arrêté par la loi de finances, ce qui ôte beaucoup d'intérêt au système.

La Française de Rentes et de Financements (FRF)

Une tentative originale d'organisation du marché des particuliers a vu le jour en 1980, sous le nom de Française de rentes et de financements Crédirente.

Cette société organisera pendant près de vingt-cinq ans la collecte de fonds disponibles, dans le but de susciter la conclusion de contrats entre particuliers, vendeurs, et acheteurs de sommes d'argent.

Cette idée originale était née de la flagrance d'une nécessité.

Les compagnies d'assurance n'étant pas autorisées à indexer les rentes viagères qu'elles s'obligeaient à reverser aux particuliers, leur abandonnant des capitaux à fond perdu, la FRF prit sur elle de présenter des acheteurs à des vendeurs, c'est-à-dire des crédirentiers à des débirentiers pour lesquels l'indexation demeurait licite.

On le sait en effet, l'indexation des rentes viagères particulières échappe à la prohibition de la loi, en raison de leur caractère alimentaire.

D'autres problèmes hélas demeuraient en suspens, qui finirent par entraîner la faillite de cet ingénieux système.

Le principe du contrat était le suivant : la FRF se faisait remettre des fonds placés dans des comptes d'attente de notaires choisis pour rédiger les actes de constitution, tandis qu'elle s'occupait de rechercher et présenter acquéreurs à vendeurs.

Restaient à résoudre les problèmes de garantie de bonne fin des contrats envisagés.

La FRF envisagea de demander à l'acquéreur éventuel de la somme d'argent recherchée, la fourniture d'un gage immobilier, susceptible de répondre de l'inexécution possible de son obligation de débirentier, ce qui nécessitait la rédaction d'un acte notarié d'affectation hypothécaire.

Afin de garantir le crédirentier d'une exécution régulière du service de la rente, en cas de défaillance du débirentier, la FRF demanda à deux compagnies d'assurances de garantir le versement des rentes pendant la durée des éventuelles procédures d'exécution.

Parfaite en théorie, cette construction se heurtera à la réalité du marché sous trois aspects inattendus qui avaient échappé au concepteur du projet :

– la multiplication des garanties fournies entraînait un surcoût très important qui aggravait la lourdeur d'un système déjà grevé de frais de gestion inhérents à l'exercice ;
– la lenteur des procédures d'exécution renchérissait le portage du système ;
– l'allongement exceptionnel de la durée de la vie humaine pendant la période n'avait pas été pronostiquée et déjouait les calculs actuariels faits sur la foi de tableaux de mortalité dépassés.

La crise immobilière des années 1990 entraîna la chute de la valeur des sûretés offertes et priva les assureurs de la contrepartie des garanties qu'ils avaient accordées.

Ce système intelligent qui répondait à un besoin réel, s'effondra donc de lui-même par un effet de ciseaux, le privant de toute efficacité.

Revenu à son état d'inorganisation précédent, la conclusion d'un prêt viager ne repose donc plus aujourd'hui que sur la recherche personnelle d'un vendeur recherchant un acheteur, par les moyens du bord.

Ce système aura cependant pendant la période d'exercice de la FRF fait la preuve de l'utilité des services qu'il pouvait rendre aux particuliers.

Maîtrise de l'aléa

Le souci constant des protagonistes du marché a toujours été de maîtriser l'aléa, sans toutefois l'anéantir tout à fait, puisqu'il est la condition de l'existence même du contrat.

Pas d'aléa, pas de viager.

Spéculation sur la durée de la vie humaine, il fallait que le contrat restât supportable par une limitation du risque maximum, d'où la tentation de jouer la statistique contre le hasard.

Ce défi récurrent du porteur de martingale sur la table du casino est à l'origine de la création de plusieurs sociétés présentes sur le marché immobilier du XXe siècle, dont l'échec illustre l'impossibilité de prévoir l'avenir.

Voulant imiter l'État, gestionnaire des retraites de la fonction publique, certains opérateurs ont créé des sociétés dont le but clair était de multiplier les contrats pour écrêter les trop grands écarts qui résultent du simple usage de la vie par celui qui la vit.

De la même manière que l'État n'a pas prévu l'allongement de la vie humaine en 1945, ce qui entraîne aujourd'hui la faillite de la retraite par répartition, les sociétés en question ont enchaîné ces vingt dernières années, échecs sur faillites. (On ne livrera pas dans ces lignes le nom de ces sociétés qui ont défrayé la chronique par égard pour certains établissements financiers de premier plan qui leur avaient accordé leur crédit).

La vie répugne à tout encadrement, et on ne saurait la contraindre par l'usage de la simple statistique.

Le viager est un risque qu'il faut savoir accepter.

Pour autant, il est possible d'en organiser l'usage, et ce n'est pas le simple empilage des acquisitions qui permet d'aboutir à cet équilibre.

Il faut comprendre le viager, le proportionner à ses moyens, l'aborder avec équanimité, et cela devient un style de vie confortable et utile.

Contrat équilibré en lui-même, le viager demeure un pacte d'équilibre pour celui qui s'y adonne.

Si on le considère comme un mode de règlement du prix en éliminant toute tentation spéculative, il est loisible que l'on puisse l'adapter, aussi bien aux acquisitions mobilières, fonds de commerce, objets d'art, qu'aux acquisitions immobilières.

Tentons pour ce faire de dégager les grandes lignes de cette nouvelle perspective.

Il est donc apparu au travers des vaines tentatives faites pour limiter l'aléa en utilisant l'effet de nombre, que le but recherché était inatteignable, jamais un homme ou une société ne pouvant empiler suffisamment de contrats pour influer et gauchir les statistiques.

De la même manière, la survenance de crises financières ou immobilières, rarement prévisibles, peuvent déjouer toute planification à vocation raisonnable.

Il faut prendre le viager comme il est, une manière de vivre.

Assorti aux revenus prévisibles d'un individu, ce mode de conversion d'un prix de vente peut en alléger le payement en le rendant plus fluide. Il s'adapte donc parfaitement aux acquisitions mobilières, telle la constitution d'une collection de tableaux ou la vente de titres de société, ou l'acquisition d'un fonds de commerce pour lequel il peut remplacer avantageusement l'émission de billets de fonds.

Ce sont là des pistes à creuser.

Nous étudierons donc dans un chapitre à venir, les moyens techniques permettant de réaliser de tels objectifs, à commencer par le mécanisme de la subrogation, celui de la substitution ainsi que celui de la compensation.

Pour lors, bornons-nous à constater que pour être attractive une rente doit être indexée sur le coût de la vie ou sur un quelconque autre indice licite disponible sur le marché financier.

En effet, le vendeur doit être absolument assuré de l'intangibilité du capital qu'il a vendu eut égard aux variations de la monnaie. C'est la condition même de son engagement.

Posons pour principe qu'un capital vendu doit être réapprécié au fur et à mesure de la vie du contrat pour le cas de la survenance de risque de rupture de celui-ci.

Si l'on peut parler de vente d'un capital financier à fond perdu, cela ne signifie pas que le contrat qui en arrête les modalités est à l'abri d'une résolution pour inexécution, quelles que soient les garanties mises en œuvre par ailleurs.

Ainsi, quand bien même l'acte constitutif interdirait-il tout retrait, il doit y être prévu les modalités de calcul d'un capital substitutif reconstitué, restituable.

Cette constatation entraîne par voie de conséquence le rachat éventuel de la rente aux mêmes charges et conditions, ce qui aboutit à restituer l'assurabilité du système, en laissant intact le problème de l'indexation.

CHAPITRE X

Le bon contrat

Le vendeur a été sélectionné, c'est-à-dire l'argent trouvé.

À quelles fins, on ne sait pas, et cet ouvrage n'a pas vocation à s'en soucier.

Quelles sont les modalités du contrat indispensables au bon déroulement de l'opération ?

Choisir le taux de la rente

Il en existe de suffisamment disponibles sur le marché pour que les contractants décident entre eux d'un commun accord de celui qu'il convient de choisir.

Bornons-nous à indiquer celui de la CNP, celui du CNRV (40 rue des Mathurins) et ceux édités par les compagnies d'assurances, AXA ou Eagle Star par exemple. Il en existe beaucoup, il n'en est pas d'officiel.

Le taux, rappelons-le, est le fruit du calcul d'amortissement tiré de la probabilité de la durée de la vie humaine, augmenté d'un faible intérêt destiné à rémunérer le loyer de l'argent.

Une fois choisi le taux, le contrat doit se soucier des garanties, telles qu'exposées et détaillées au début du présent ouvrage.

Il doit être prévu une clause d'indexation, afin de garantir le pouvoir d'achat du vendeur (crédirentier).

Enfin, un certain nombre d'aménagements seront utiles à prévoir afin de garantir la représentation du capital en cas de sinistre.

Au premier titre, la modalité de calcul permettant de reconstituer le capital après exercice du mécanisme de réalisation des sûretés, c'est-à-dire l'exécution du débirentier défaillant.

À ce titre également, il sera utile de prévoir plusieurs mécanismes :

– la compensation, permettant le cas échéant, de se payer par préférence sur le gage, sans qu'il soit besoin de liquider celui-ci ;

– la subrogation, c'est-à-dire la possibilité d'un commun accord de remplacer au même rang, crédirentier ou débirentier, dans le cadre du contrat, dans l'exercice de ses droits, avec l'accord de tous les contractants, des garants et des cautions éventuels ;

– la substitution, permettant aux mêmes conditions le remplacement d'une sûreté par une autre.

Il sera toujours bon de faire signer ces conventions par les ayant-droits des contractants, afin d'éviter toute difficulté générée par l'ouverture d'une succession.

En outre, comme il a été dit précédemment, toute faculté de retrait ou de rachat doit être expressément prévue au contrat pour pouvoir être mis en œuvre.

La clause résolutoire

Afin de pouvoir annuler les conventions en cas d'inexécution par l'une ou l'autre partie crédirentier / débirentier, il doit être prévu au contrat une clause résolutoire accompagnée de la modalité de sa mise en œuvre.

Dans la plupart des cas, le mécanisme déclenchant la clause résolutoire est l'envoi d'une lettre recommandée AR au contractant défaillant, reproduisant l'intégralité de ladite clause, en accordant le délai d'un mois pour réparer la violation incriminée.

Le lecteur pourra se référer utilement aux explications données pour le cas du viager immobilier, dans le *Vademecum du viager*.

La caution

Les engagements contractés par le débirentier exigeant de celui-ci qu'il fournisse une sûreté hypothécaire, un nantissement ou un gage, peuvent l'amener à rechercher dans son environnement familial ou amical quelqu'un ou quelque entité que ce soit susceptible de se porter caution en fournissant lui-même ou elle-même ladite sûreté.

Tiers intervenant au regard des deux principaux contractant, la caution fournit la garantie nécessaire à la mise en place des obligations réciproques des contractants.

Son rôle est essentiel, aucune modification du contrat ne peut être modifiée sans son accord.

Il ou elle n'est dégagé que par l'exécution finale des conventions.

La caution peut revêtir deux aspects, caution solidaire ou caution simple limitée à la valeur de la sûreté fournie.

Le garant

Le garant intervient aux fins d'assurer la bonne exécution du service de la rente contractée par le débirentier.

Compagnie d'assurance ou société financière, son rôle est de régler la rente pendant la période où celle-ci n'est plus servie dans le cas d'une suspension ou d'une interruption du payement.

Pour assurer valablement l'intervention d'un garant, il conviendra de mettre en place un mécanisme de subrogation lui permettant de procéder à la réalisation de la sureté, au lieu et place du crédirentier.

Ce mécanisme devra être précisément prévu au contrat constitutif, afin que soit précisée la destination finale du capital récupéré après achèvement des procédures d'exécution et payement du capital reconstitué substitutif augmenté des honoraires et de frais de procédure.

Ce mécanisme est éventuellement très onéreux mais il garantit la bonne fin des obligations.

CHAPITRE XI

Les motivations du vendeur d'un capital viager

Avons-nous assez évoqué les difficultés rencontrées par les retraités, qui voient jour après jour leurs retraites assujetties à des charges fiscales supplémentaires et leur régime particulier obligé d'abonder le régime général ?

La puissance publique faisant feu de tout bois afin de sauver les retraites que l'inversion de la pyramide des âges condamne irrévocablement à péricliter, il est tentant de vouloir échapper à la tonte animale qui s'instaure, dans l'improvisation cynique et le bavardage diversif.

L'objectif recherché est donc :

– de réaliser un capital et le vendre, moyennant le service d'une rente viagère indexée

– garanti par une sûreté mobilière ou hypothécaire,

– assuré de plus par un garant crédible

– bénéficiant d'une fiscalité allégée puisque les rentes viagères ne sont assujetties à l'impôt sur le revenu que pour

40 % de leur montant après 60 ans révolus et 30 % après 70 ans révolus

Voilà ce qui s'appelle tirer son épingle du jeu, dans le cadre d'une diversification intelligente de ses avoirs.

À cette préoccupation raisonnable et légitime, car nul n'est contraint moralement d'être la mule de son voisin, peut s'ajouter le désir de punir des héritiers ingrats en soustrayant les capitaux ainsi confiés de sa propre et future succession.

Il peut être également recherché de seconder ainsi tel ou tel membre de sa famille ou de ses amis, désireux de réaliser une opération commerciale, immobilière ou financière, de l'aider dans la réalisation de celle-ci à un coût toujours modulable et en en prévoyant la résolution conventionnelle éventuelle et future. Cela permet en outre d'échapper à l'encadrement du crédit régi par la politique financière du gouvernement qui fixe les priorités qui ne sont pas nécessairement celles des citoyens.

Le viager, pourrait-on ainsi pronostiquer, sera éventuellement susceptible d'initier une pratique illustrant la liberté des comportements économiques et sociaux, ce qui semble devoir être la marque de ce XXIe débutant.

CHAPITRE XII

Le cas des incapables majeurs

Les tutelles à la rescousse

La dotation d'un capital en viager placé au bénéfice d'un incapable majeur ou d'un mineur orphelin, est également l'une des solutions ouverte par l'instauration du système.

En effet, combien de juges des tutelles ou de curateurs familiaux se voient-ils remettre des capitaux, après la survenance d'une catastrophe, l'attribution d'une indemnité ou l'ouverture d'une succession qu'ils remettent purement et simplement à la caisse nationale de prévoyance ou à une compagnie d'assurance, privant ainsi le bénéficiaire de la rente présente ou future du bénéfice de l'indexation.

L'attribution d'un tel capital par la voie d'une donation laissée à l'appréciation des curateurs, tuteurs et juges des tutelles susdits, pourrait représenter un progrès considérable pour le confort des personnes placées dans cette situation. Le prévoir, c'est déjà l'organiser.

Il est évident que cette dernière suggestion ne figure dans le présent ouvrage que comme piste à explorer, car découlant logiquement et naturellement de ce qui a été précédemment exposé.

Conclusion

Après ce que nous avons exposé pourquoi le viager nous paraît-il si moderne, si adapté à notre temps ?

Nous l'avons suggéré à plusieurs reprises, tant au cours de cet ouvrage que dans celui qui l'a précédé.

Il flotte sur notre époque un vent de liberté et d'émancipation individuelle qui se conjugue particulièrement bien avec cette technique qui nous vient d'un passé reculé.

L'avons-nous assez dit : l'heure est à l'économie participative et le viager se construit avec deux personnages principaux, un vendeur et un acquéreur, à l'abri de ces entités publiques que le philosophe Alain appelait *les grands animaux*.

À titre principal, le viager procède d'un mariage de deux personnes. C'est un contrat amical.

Les mots d'ordre de la vie d'aujourd'hui obéissent à la logique de la méfiance et du contrôle. Pas le viager qui nécessite une confiance réciproque. Le *net* bouleverse les comportements. Il accélère les contacts.

L'organisation encadrée des services de la vie, des taxis aux salles de ventes, a laissé la place à l'instauration d'un marché en ligne, chacun faisant ses courses sans quitter son fauteuil. Il en va de même de la recherche de l'argent.

Le monde institutionnel de la banque et des compagnies d'assurance a érigé le questionnement et l'indiscrétion en morale du jour.

Il semblerait qu'aujourd'hui la mode soit à la maison de verre, ce qui est le contraire absolu de la démarche de ceux qui surfent sur le *web*, dans la griserie de l'individualité retrouvée.

Nous pouvons risquer une explication pour justifier ce paradoxe.

Ce que l'on appelle la nouvelle économie est un effort vers l'affranchissement individuel et quand les mêmes qui cherchent la liberté se font les investigateurs acharnés des secrets des autres, c'est par qu'ils expriment la rancœur d'avoir été retardés ou brimés dans leur recherche.

Par la liberté qu'il procure, le viager, en déjouant les questions indiscrètes de la puissance publique (qu'allez-vous faire de cet argent ?) est un facteur d'intégration et d'apaisement.

C'est la raison pour laquelle il est promis au plus bel avenir.

Ainsi s'est close la promenade que nous avons entreprise en commun.

Le viager obéit en somme à une philosophie de l'existence, plus encore, ou au moins tout autant qu'à un calcul intéressé.

Sans méconnaître la pertinence de celui-ci, la rente viagère est appelée à occuper une place croissante dans notre société en évolution.

Elle dessine en pointillé la société du futur.

La Table Lapous

Homme	Esp de Vie	Taux de rente	Femme	Esp de Vie	Taux de rente
40	42,7	2,88	40	49,0	2,59
41	41,8.	2,93	41	48,0	2,63
42	40,8	2,98	42	47,1	2,66
43	39,9	3,03	43	46,1	2,7
44	39,0	3,09	44	45,2	2,74
45	38,0	3,14	45	44,2	2,78
46	37,1	3,2.	46	43,3	2,83
47	36,2	3,27	47	42,3	2,65
48	35,3	3,33	48	41,4	2,69
49	34,4	3,40	49	40,5	2,75
50	33,6	3,47	50	39,5	2,80
51	32,7	3,56	51	38,6	2,85
52	31,8	3,36	52	37,7	2,90
53	31,0	3,45	53	36,8	3,03
54	30,1	3,53	54	35,8	3,02
55	29,3	3.62	55	34,9	3,09
56	28,5	3,71	56	34,0	3,16
57	27,6	3,81	57	33,1	3,23
58	26,8	3,92	58	32,3	3,31
59	26,0	4.03	59	31,4	3,39
60	25,3	4.15	60	30,5	3,48
61	24,5	4,28	61	29,6	3,57
62	23,7	4.41	62	28,7	3,68
63	23,0	4.56	63	27,8	3,78
64	22,2	4,70	64	27,0	3,90
65	21,5	4,88	65	26,1	4,03
66	20,8	5,04	66	25,2	4,17
67	20,0	5.25	67	24,4	4,33

68	19,3	5,45	68	23,5	4,48
69	18,6	5,67	69	22,7	4,66
70	17,8	5,87	70	21,8	4,85
71	17,1	6,16	71	20,9	5,07
72	16,4	6,44	72	20,1	5,31
73	15,7	6.75	73	19,3	5,54
74	15,0	7,10	74	18,5	5,83
75	14,4	7,49	75	17,7	6,16
76	13,7	7,85	76	16,9	6,52
77	13,1	8,27	77	16,1	6,90
78	12,5	8,72	78	15,3	7,31
79	11,8	9,23	79	14,6	7,79
80	11,2	9,82	80	13,9	8,34
81	10,7	10,36	81	13,2	8,97
82	10,1	10,97	82	12,5	9,62
83	9,7	11,52	83	11,8	10,14
84	9,4	11,96	84	11,2	10,59
85	9,0	12,45	85	10,6	11,10
86	8,7	12,97	86	10,0	11,66
87	8,3	13,54	87	9,4	12,28
88	8,0	14,17	88	8,9	12,97
89	7,6	15,09	89	8,4	13,74
90	7,3	15,88	90	8,1	14,17
91	7,1	16,46	91	7,9	14,62
92	6,9	47,06	92	7,5	15,35
93	6,7	17,73	93	7,2	16,16
94	6,5	18.45	94	7,0	16,76
95	6,3	19,22	95	6,7	17,39

Table des matières

DEUXIÈME PARTIE

Le viager foncier et mobilier

www.ingramcontent.com/pod-product-compliance
Lightning Source LLC
LaVergne TN
LVHW010149081026
849535LV00021B/3420